I0505467

Minimalistisches Budget Auf Deutsch/ Minimalist budget in German:

Einfache Strategien, um mehr zu sparen und sich finanziell abzusichern

INHALTSVERZEICHNIS

© Copyright 2017 by Charlie Mason - Alle Rechte vorbehalten.

Dieses Dokument ist darauf ausgerichtet, genaue und verlässliche Informationen zu dem behandelten Thema und der Fragestellung zu liefern. Die Publikation wird mit dem Gedanken verkauft, dass der Herausgeber nicht verpflichtet ist, buchhalterische, behördlich genehmigte oder sonstige qualifizierte Dienstleistungen zu erbringen. Wenn eine Beratung notwendig ist, sei es juristisch oder professionell, sollte eine in diesem Beruf tätige Person bestellt werden.

Aus einer Grundsatzerklärung, die von einem Ausschuss der amerikanischen Anwaltskammer und einem Ausschuss der Verleger und Verbände gleichermaßen angenommen und genehmigt wurde.

Es ist in keiner Weise legal, Teile dieses Dokuments zu reproduzieren, zu vervielfältigen oder zu übertragen, weder auf elektronischem Wege noch in gedruckter Form. Die Aufzeichnung dieser Publikation ist strengstens verboten, und jede Speicherung dieses Dokuments ist nur mit schriftlicher Genehmigung des Herausgebers gestattet. Alle Rechte vorbehalten.

Die hierin enthaltenen Informationen werden als wahrheitsgetreu und konsistent erklärt, da jegliche Haftung, ob durch Unachtsamkeit oder anderweitig, durch Nutzung oder Missbrauch der darin enthaltenen Richtlinien, Prozesse oder Anweisungen, in der alleinigen und vollständigen Verantwortung des Empfängers liegt. Unter keinen Umständen kann der Herausgeber für eine Entschädigung, einen Schaden oder einen finanziellen Verlust aufgrund der hierin enthaltenen Informationen, weder direkt noch indirekt, rechtlich verantwortlich oder verantwortlich gemacht werden.

Die jeweiligen Autoren sind Eigentümer aller Urheberrechte, die nicht im Besitz des Herausgebers sind.

Die hierin enthaltenen Informationen werden ausschließlich zu Informationszwecken angeboten und sind dementsprechend universell. Die Darstellung der Informationen erfolgt ohne Vertrag oder irgendeine Art von Garantiezusage.

Die verwendeten Marken werden ohne jegliche Zustimmung verwendet, und die Veröffentlichung der Marke erfolgt ohne Genehmigung oder Unterstützung des Markeninhabers. Alle Warenzeichen und Marken in diesem Buch dienen nur der Verdeutlichung und sind Eigentum der Eigentümer selbst, die nicht mit diesem Dokument verbunden sind.
Einführung

Ich möchte Ihnen danken und zum Herunterladen dieses Buches gratulieren!

Dieses Buch enthält bewährte Schritte und Strategien, wie man mehr sparen und sich finanziell absichern kann. Gehören Sie zu den Menschen, die ein Einkaufszentrum oder einen Online-Einzelhandel nicht verlassen können, ohne etwas zu kaufen? Haben Sie lange vor Ihrem nächsten Gehaltsscheck kein Geld mehr? Scheint Ihr Budget strapaziert zu sein und doch scheint es Ihnen noch an so vielen Dingen zu fehlen? Wenn Sie all diese Fragen mit Ja beantwortet haben und nach Möglichkeiten suchen, Ihren Gehaltsscheck länger haltend zu machen, dann besteht die Lösung darin, das Konzept eines minimalistischen Budgets zu übernehmen. Dieses Konzept wird Ihnen helfen, die Gründe für Ihre Ausgaben zu verstehen, Ihnen Ideen liefern, wie Sie Ihre Impulskäufe eindämmen und Geld sparen können. Es wird Ihnen zeigen, wie viel besser Ihr Leben werden kann, auch wenn Sie nicht viel Geld ausgeben. Sie erhalten ebenfalls Tipps, wie Sie mehr sparen und Ihre Ausgabegewohnheiten verbessern können. Dieses Buch wird Ihnen helfen, mehr Kontrolle über Ihr Geld und Ihre Finanzen zu erlangen, und es zeigt Ihnen viele Spartipps, die Ihnen helfen, mehr zu sparen und weniger auszugeben. Wenn Sie bereit sind, mit dem Sparen zu beginnen, blättern Sie auf die nächste Seite und sehen Sie, was Sie erwartet.

Nochmals vielen Dank für das Herunterladen dieses Buches, ich hoffe, es gefällt Ihnen!

Kapitel 1 - Die Psychologie des Einkaufs

Es gibt viele Gründe, warum Menschen Dinge kaufen, aber die Psychologie wird Ihnen sagen, dass es die vier grundlegendsten psychologischen Verhaltensweisen gibt, die Ihnen helfen zu verstehen, warum Sie kaufen, was Sie kaufen. Diese vier Faktoren sagen laut Psychologen auch die Dinge voraus, die Sie in Zukunft kaufen werden.

Faktor Nr. 1 - Befriedigung der Bedürfnisse

Dies ist der wichtigste Grund, warum Menschen Dinge kaufen - wegen eines Bedürfnisses, das sie erfüllen müssen. Die meisten Dinge, die Menschen kaufen, werden gekauft, weil es ein intrinsisches Bedürfnis gibt, das sie erfüllen müssen. Die Bedürfnisse können als grundlegend oder komplex klassifiziert werden.

Grundlegende Objekte sind solche, die Ihre Grundbedürfnisse erfüllen. Diese Grundbedürfnisse sind oft mit körperlichen Bedürfnissen verbunden. Dinge, die Ihr Körper braucht, um normal zu funktionieren, werden als Grundbedürfnisse bezeichnet. Beispiele für Grundbedürfnisse sind Nahrung, Wasser und Unterkunft.

Komplexe Bedürfnisse sind solche, die Ihre emotionalen, spirituellen und anderen Formen nicht-physischer Bedürfnisse erfüllen. Dazu können gehören, Freunde zu haben, einer Gruppe anzugehören oder ein Hobby zu übernehmen, das Sie entspannt. Komplexe Bedürfnisse überschneiden sich manchmal mit den anderen Bedürfnissen, die psychologische Gründe haben, warum Menschen Dinge kaufen.

Faktor Nr. 2 - Aufmerksamkeit und Wahrnehmung

Dieser psychologische Faktor beim Kauf ist das, worauf Werbetreibende und Marketing-Teams Einfluss haben. Diese beiden gehen Hand in Hand, denn die Wahrnehmung ist oft von der Aufmerksamkeit abhängig.

Das Ziel eines Werbetreibenden ist es, die Aufmerksamkeit der Kunden lange genug zu erhalten, damit sie eine Wahrnehmung des verkauften Produkts aufbauen können. Die Wahrnehmung kann günstig sein oder nicht. Das Ziel besteht immer darin, eine positive Wahrnehmung zu erzeugen, damit die Menschen das Produkt kaufen wollen.

Um die Aufmerksamkeit des Käufers zu erregen, stellen Werbetreibende sicher, dass ihre Werbung eingängig, witzig und wirklich aufmerksamkeitserregend ist. Einige Werbetreibende verwenden Spezialeffekte, ungewöhnliche Ideen und Gimmicks, um den Käufer dazu zu bringen, sich ihr Produkt anzusehen oder ihn darauf aufmerksam zu machen, dass es ein solches Produkt gibt.

Wenn die Aufmerksamkeit des Käufers erstmal eingefangen ist, kann er sich eine Vorstellung von der Art des verkauften Produkts machen. Wenn er feststellt, dass das Produkt ihm ein gutes Gefühl gibt oder seine Bedürfnisse erfüllt, wird der Käufer diesen Artikel in den meisten Fällen kaufen. Wenn er nicht das Gefühl hat, dass der Artikel ihm keinen Nutzen bringt, oder wenn ihm die Botschaft, die die Werbung vermittelt, nicht gefällt, wird der Käufer das Produkt wahrscheinlich nicht kaufen wollen.

Die meisten Inserenten wissen, dass die Wahrnehmung verändert werden kann. Deshalb verwenden sie eine Taktik, die Wiederholung und Verzerrung genannt wird.

Wiederholung ist, wenn sie das Produkt immer wieder in verschiedenen Kanälen zeigen, in denen ein Käufer es am ehesten sehen wird. Zu diesen Kanälen gehören TV, Print und Online. Je öfter eine Person diese sich wiederholenden Werbungen sieht, desto mehr bleiben die Produkte in ihrem Gedächtnis haften. Dies erleichtert es ihnen, sich an die Marketingbotschaft zu erinnern, wenn sie z.B. in einem Supermarkt mit diesem Produkt konfrontiert werden. Die Vertrautheit verleitet eine Person eher dazu, es zu kaufen.

Verzerrung ist eine Form der Manipulation der Wahrnehmung der Person, um das Produkt in den Augen des Käufers günstiger zu machen. Ein gutes Beispiel für eine Verzerrung ist es, etwas, das oft als schlecht empfunden wird, gut aussehen zu lassen. Eine Pistole beispielsweise ist etwas, das Menschen mit dem Tod oder als Waffe, die Menschen schaden kann, in Verbindung bringen würden. Aber Waffenhersteller würden sie als eine Form des Schutzes vermarkten oder als etwas, das die Personen, die man liebt, in Sicherheit bringen kann.

Faktor Nr. 3 - Wissen und Konditionierung

Um ein Produkt zu kaufen, werden die meisten Leute ihre Nachforschungen über dieses bestimmte Produkt anstellen. Dies gilt für Artikel, die die Person noch nie benutzt hat oder für Artikel, die teuer sind. Eine durchschnittliche Person wird vor dem Kauf alles über das Produkt herausfinden, was sie kann.

Manche Menschen werden durch das Wissen über das Produkt beeinflusst, das sie von anderen Personen erhalten haben. Wenn das Wissen über das Produkt nicht gut ist, besteht die Aufgabe eines Werbetreibenden darin, die Person dazu zu bewegen, ihre Wahrnehmung zu ändern, indem er ihr ein anderes Wissen vermittelt, das sie anspricht, bevor sie zum Kauf des Produkts überzeugt werden kann.

Das Wissen und das Lernen aus den Erfahrungen anderer Menschen beeinflusst auch die Art und Weise, wie Menschen Dinge kaufen. Das ist der Grund, warum sich die Menschen an Rezensionen, Unpack with Me Videos, Muster und Probier-vor-Kauf-Promos wenden, bevor sie das kaufen, was die Werbetreibenden Ihnen anpreisen. Rezensionen zeigen dem Käufer eine tatsächliche Begegnung mit dem Produkt, ohne dass er das Produkt kauft.

Faktor Nr. 4 - Überzeugungen, Kulturen und Einstellungen

Ein großer Faktor in der Kaufpsychologie ist die Gesamtheit der Überzeugungen, Kulturen und Einstellungen einer Person. Eine Person kann zum Kauf von etwas beeinflusst werden, weil es etwas ist, das ihrem System eingeimpft wurde, noch bevor sie ihre Wahrnehmung eines bestimmten Produkts geformt hat. Es ist etwas, das zur Gewohnheit und zu einer dauerhaften Sache im Leben einer Person geworden ist.

Ein gutes Beispiel dafür ist, wenn eine Person kein Schweinefleisch kauft, weil ihr Glaube vorschreibt, dass Schwein ein Tier ist, das mit einem Aasfresser in Verbindung gebracht wird, der Schmutz und Dreck frisst. Menschen mit diesem Glauben werden schon früh in ihrem Leben gelehrt, dass Schweinefleisch schmutzig ist, so dass sie es um jeden Preis vermeiden.

Dies sind nur einige der häufigsten psychologischen Faktoren, die erklären können, warum Menschen einen bestimmten Artikel kaufen oder nicht kaufen. Es gibt weitere Gründe, die oft weitaus komplexer sind als diese vier. Diese komplexen Gründe sind oft Kombinationen dieser vier grundlegenden Einflussfaktoren.

Kapitel 2 - Wie man Werbung ignoriert

Werbung wird hauptsächlich geschaffen, um den Kunden eine Vorstellung davon zu geben, welche Produkte auf dem Markt erhältlich sind und um sie zum Kauf dieser Produkte zu verleiten. Sie werden im Fernsehen, in der Presse und im Internet gezeigt. Große Unternehmen zahlen viel Geld, um die beste Sendezeit im Fernsehen oder die Plakatwerbung an den verkehrsreichsten Straßen zu bekommen. Sie investieren ebenfalls riesige Geldsummen in Marketingteams und Designer, um der Konkurrenz voraus zu sein.

Wenn man nicht hintern Mond lebt, kann man der Werbung nicht wirklich entgehen. Sie kommt aus so vielen verschiedenen Kanälen, dass es schwer ist, sie wirklich vollständig zu blockieren. Aber es gibt einen Weg, sie zu ignorieren. Einige der effektivsten Wege werden hier detailliert beschrieben:

Verringern Sie Ihre Exposition - Fernsehen und Internet gehören zu den häufigsten Orten, an denen Werbung gezeigt wird. Verringern Sie Ihre Exposition gegenüber diesen Kanälen und Sie verringern Ihre Exposition gegenüber Werbung. Wenn Sie beispielsweise fernsehen, können Sie versuchen, in Werbepausen aufzustehen und andere Dinge zu tun, anstatt durch die Werbung zu sitzen und sie gedankenlos anzuschauen. Durch das Ansehen von Werbespots werden die Produkte wiederholbar und leicht abrufbar, so dass Sie anfälliger für Impulskäufe werden.

Sie können Werbepausen nutzen, um auf die Toilette zu gehen, sich aufzusetzen, mit der Person zu sprechen, neben der Sie sitzen, oder Ihre E-Mails zu lesen. Schalten Sie den Fernseher während der Werbung stumm, um sicherzustellen, dass Sie nichts hören.

Adblocking-Software - wenn Sie das Internet benutzen müssen (wie fast jeder andere auch), können Sie eine gute Adblocking-Software finden, die Werbung filtern kann, so dass Sie sie nicht so oft sehen oder sehen müssen. Diese Adblocker haben oft einen Preis. Wählen Sie einen, der Ihren Bedürfnissen und Ihrem Budget entspricht.

Verwenden Sie Abonnementdienste - Einige Abonnementdienste wie Netflix ermöglichen es Ihnen, Fernsehen zu sehen, ohne dass Sie alle 10 Sekunden von Werbung unterbrochen werden. Sie müssen für diese Dienste auf monatlicher Basis bezahlen, aber Sie können sicher sein, dass Sie keine Werbung sehen müssen, während Sie Ihre Sendung genießen.

Steigern Sie Ihr Wissen - je mehr Sie über ein Produkt wissen, desto geringer ist die Wahrscheinlichkeit, dass Sie die Promos und Gimmicks anerkennen, die in anderen Werbespots gezeigt werden. Sie können eine Werbung besser ignorieren, wenn Sie ein Produkt in- und auswendig kennen. Wenn Sie das Innere und Äußere Ihrer Lieblingsprodukte kennen, sind Sie weniger anfällig für den Kauf eines neuen Produkts, nur weil die Worte NEU und VERBESSERT auf der Verpackung stehen.

Vermeiden Sie Window-Shopping - für manche mag dies schwer zu bewerkstelligen sein. Aber das Einkaufszentrum oder den Online-Shop ganz zu meiden, ist eine der besten Möglichkeiten, Werbung zu ignorieren. Nutzen Sie Ihre Zeit statt des Schaufensterbummels für produktivere, aber ebenso angenehme Aktivitäten. Schreiben Sie in Ihr Tagebuch, gehen Sie joggen, lesen Sie ein Buch oder nehmen Sie ein neues Hobby auf.

Lernen Sie, mit dem zufrieden zu sein, was Sie haben - Einer der Gründe, warum Anzeigen funktionieren, ist, dass sie immer versuchen, die Kunden davon zu überzeugen, dass sie dieses bestimmte Produkt in ihrem Leben brauchen, um besser leben zu können. Aber wenn eine Person mit dem zufrieden ist, was sie hat, wird sie weniger geneigt sein, dieses Produkt zu kaufen. Wenn Ihr Telefon zum Beispiel noch funktioniert und seinen Zweck erfüllt und Sie mit seiner Leistung zufrieden sind, werden Sie nicht daran denken, es zu ersetzen, sobald das neue Modell herauskommt. Sie werden die neuen Funktionen nicht so sehr wollen, weil Sie mit Ihrem Telefon zufrieden sind.

Seien Sie wachsam - seien Sie auf der Hut vor Werbung, die Wundermittel anbietet und unglaubliche Behauptungen anstellt. Diese Werbung wird oft in Form von Infomercials präsentiert. Obwohl ihre Behauptungen an das Unmögliche grenzen, überzeugen alle Informationen, Forschungsergebnisse, Expertenmeinungen und Aussagen, die sie in ihren Werbespots machen, die Verbraucher von der Wirksamkeit ihres Produkts. Seien Sie vorsichtig mit diesen Taktiken und fallen Sie nicht sofort auf diese falsche Werbung herein.

Befreien Sie sich von der Versuchung - Nehmen Sie keine in den Einkaufszentren verteilten Flyer, nehmen Sie keine Spam- und Junk-Mails an und abonnieren Sie keine Newsletter oder Text-Alerts für den Einzelhandel. Diese informieren Sie über neue Produkte, für die Sie unbedingt Geld ausgeben müssen. Je weniger Sie wissen, desto einfacher können Sie nichts kaufen. Außerdem werden Sie, wenn Sie etwas wirklich brauchen, auf jeden Fall danach suchen. Sie müssen den Vermarktern nicht nachgeben, wenn sie Ihnen sagen, dass Sie ihre Produkte brauchen.

Es kann Ihnen anfangs schwer fallen, diese Dinge zu tun, vor allem, wenn Ihre Gewohnheiten die Aktivitäten beinhalten, die Sie vermeiden müssen, d.h. gedankenloses Fernsehen. Aber mit

Übung und einer guten Portion Willenskraft können Sie zum Experten im Ignorieren von Werbung werden. Wenn Sie weiter üben, wird es Ihnen bald in Fleisch und Blut übergehen, sodass Sie es nicht mal mehr bemerken, das Sie es tun.

Kapitel 3 - Wie man über zwanghafte Ausgabegewohnheiten hinwegkommt

Zwanghafte Ausgaben, wie sie von vielen psychologischen Experten definiert werden, sind ein menschliches Verhalten, bei dem eine Person einen enormen Aufwand an Zeit und Mühe aufwenden würde, um Dinge so zu kaufen, dass sie ihr Leben und ihre Beziehungen belasten oder beeinträchtigen.

Diese Art des Geldausgebens wird als ein psychologisches Problem betrachtet, das oft eine Intervention und Hilfe von qualifizierten Therapeuten erfordert. Sie wird manchmal als eine Form der Sucht angesehen, weil eine Person ein natürliches Hoch erlebt, wenn sie einen Gegenstand erwirbt. Dieses Hoch kann so süchtig machen, dass eine Person Geld und Eigentum verliert und Beziehungen zerstört.

Die häufigste Auswirkung des zwanghaften Einkaufens ist für manche Menschen das Gefühl des Glücks. Zwanghafte Konsumenten fühlen sich jedes Mal glücklich, wenn sie etwas kaufen. Aber sie bereuen es sofort, weil es in der Regel dazu führt, dass sie sich am Ende tief verschulden. Sie neigen dazu, immer dann, wenn sie deprimiert oder traurig sind, Sachen zu kaufen, um sie glücklich zu machen. Ihre Einkaufsgewohnheiten geraten außer Kontrolle und führen manchmal zu Meinungsverschiedenheiten und Zwietracht zwischen ihnen und den Menschen, die sie lieben. Es bilden sich Gräben, bis die Familien wegen dieser Sucht auseinander gerissen werden.

Um Ihnen zu helfen, Ihre zwanghaften Ausgabegewohnheiten zu überwinden, hier einige der wirksamsten Möglichkeiten.

Zerschneiden Sie Ihre Kreditkarten - manche Menschen sehen Kreditkarten nicht als schädlich an, weil sie nicht sehen, dass tatsächlich Geld zwischen ihnen und dem Einzelhandelsgeschäft ausgetauscht wird. Das gibt Ihnen die Illusion, dass Sie nicht wirklich Geld ausgeben. Sie werden selbstbewusster beim Ausgeben, weil Sie sehen, dass Sie noch ein Guthaben auf Ihrem Bankkonto haben. Aber wenn die Rechnung kommt, werden Sie feststellen, dass Sie mehr Einkäufe als Geld auf der Bank haben.

Um sicherzustellen, dass Sie nicht unnötig Geld ausgeben, sollten Sie wissen, wohin Ihr Geld geht. Es ist am besten, wenn Sie Ihr Geld in bar ausgeben. Wenn Sie sehen, dass Ihr Geld schwindet, werden Sie weniger wahrscheinlich weiter einkaufen.

Bringen Sie genaue Beträge mit - Sie wissen, wie hoch die Busfahrpreise sind. Ihr Essensgeld oder die Verpflegungszulage für den Tag sollten Sie ebenfalls einplanen, damit Sie Ihr Limit kennen. Bringen Sie nur so viel Geld für den Tag mit, damit Sie nicht in Versuchung kommen, etwas zu kaufen, während Sie durch das Einkaufszentrum fahren.

Wenn Sie befürchten, in einen Notfall zu geraten, können Sie genug Geld mitbringen, um nach Hause zu kommen, aber achten Sie darauf, dass es nicht in der gleichen Tasche oder Brieftasche wie Ihr Taschengeld ist, damit Sie es nicht "versehentlich" ausgeben. Verwenden Sie es nur für tatsächliche Notfälle.

Verfolgen Sie die Dinge, die Sie kaufen - wenn Sie die Dinge, die Sie kaufen, im Auge behalten, ist die Wahrscheinlichkeit geringer, dass Sie doppelte Einkäufe tätigen. Es hilft Ihnen auch, sich Ihrer Ausgaben bewusster zu werden. Wenn Sie Ihre Ausgaben zurückverfolgen, können Sie besser verstehen, wohin Ihr Geld fließt. Erstellen Sie eine Liste mit Hilfe einer App oder der Notizfunktion Ihres Telefons, um es Ihnen leichter zu machen.

Warten Sie vor dem Kauf - Kaufen Sie einen Artikel erst, wenn Sie einige Zeit gewartet haben. Etwa 30 - 60 Minuten sind eine gute Wartezeit. Wenn Sie einen Artikel sehen, den Sie wirklich kaufen wollen, wird Ihr Körper aufgeregt und die Logik fliegt oft zur Tür hinaus. Beruhigen Sie sich und gehen Sie von dem Artikel weg. Wenn Sie nach einiger Zeit diesen Artikel immer noch nicht vergessen können oder das Gefühl haben, dass Sie ihn noch brauchen, ist es Zeit, ihn zu kaufen. Die Chancen stehen gut, dass Ihr Gehirn die Logik erkannt hat und Sie erkennen, dass Sie kein weiteres rosa Hemd brauchen, da Sie bereits 10 zu Hause haben.

Benutzen Sie eine Liste und halten Sie sich daran - Der Supermarkt ist eine primäre Falle für Spontankäufe. Bei so vielen Artikeln, die um Ihre Aufmerksamkeit konkurrieren, ist es oft schwer, nicht nachzugeben und sie aus den Regalen zu nehmen und in den Einkaufswagen zu legen. Aber wenn Sie eine Liste haben und die genauen Orte kennen, an denen Sie die Artikel auf Ihrer Liste finden können, ist es weniger wahrscheinlich, dass Sie durch Gang für Gang mit Lebensmitteln und Einkaufsartikeln wandern.

Holen Sie sich die Hilfe eines Kumpels - Finden Sie Menschen, deren Willenskraft stärker ist als Ihre, und bringen Sie sie auf Ihren Einkaufstouren mit. Sie werden Ihnen helfen, Sie an Ihre Nichtkaufpolitik zu erinnern. Achten Sie nur darauf, dass Sie sich an ihre Mahnungen halten, sonst ist es zwecklos, sie mitzubringen, wenn Sie ihren Rat einfach ignorieren.

Machen Sie jedes Mal etwas anderes, wenn Ihnen nach Einkaufen zumute ist - gehen Sie spazieren, treiben Sie Sport, setzen Sie Ihr Hobby fort oder schlafen Sie. Beschäftigen Sie sich, damit Sie nicht ans Einkaufen denken.

Der Schlüssel zur Überwindung Ihrer zwanghaften Ausgaben ist Selbstkontrolle und Selbstbewusstsein. Sobald Sie Ihre Triebe unter Kontrolle haben und in der Lage sind, sie auf bessere Aktivitäten zu lenken, werden Sie dem Ruf der Einzelhandelstherapie weniger nachgeben.

Kapitel 4 - Ihr Selbstvertrauen durch Budgetierung steigern

Die Budgetierung ist eine uralte Praxis, bei der Menschen Mittel für Dinge bereitstellen, die sie kaufen oder für die sie sparen müssen. Menschen, die ihr Geld budgetieren, würden planen, wie das Geld ausgegeben wird, so dass alle Rechnungen erledigt und die Bedürfnisse erfüllt werden. Dabei wird das Einkommen berücksichtigt und mit den Dingen abgeglichen, die man für ein komfortables Leben benötigt.

Für manche Menschen ist es schwierig, ein Budget zu erstellen, besonders wenn ihre Mittel oder Einkommensquellen begrenzt sind. Aber mit einer minimalistischen Budgetierung ist ein Budget immer möglich, egal wie gering Ihr Einkommen ist.

Was ist ein minimalistisches Budget?

Ein minimalistischer, lose definierter Haushalt ist jemand, der in seinem Leben nur einige wenige Dinge benötigt und nicht das Bedürfnis verspürt, ihn mit materiellen Dingen zu füllen. Sie werden sehen, dass Minimalisten manchmal mit weniger als 100 Dingen leben und sich trotzdem glücklich fühlen, obwohl sie nicht das haben, was andere als Luxus im Leben betrachten.

Ein minimalistischer Haushalt ist etwas Ähnliches. Menschen, die Experten für diese Art von Budget sind, sind von Natur aus meist Minimalisten. Sie halten die Dinge einfach, damit sie nicht so viel ausgeben müssen. Sie legen mehr Wert auf Qualität als auf Quantität, so dass ihre materiellen Besitztümer länger halten als die meisten Gegenstände im Schrank einer normalen Person. Sie sind anspruchsvoller und legen mehr Wert auf Haltbarkeit und Langlebigkeit als auf Popularität und Ästhetik.

Minimalistische Budgets bedeuten nicht immer, dass man weniger ausgeben muss. Die meisten Artikel, die Minimalisten kaufen, sind von hoher Qualität, so dass es am Anfang manchmal teurer sein kann, sich aber am Ende auch auszahlt. Der Kauf eines hochwertigen Produkts bedeutet, dass sie das Produkt nicht über einen längeren Zeitraum hinweg ersetzen müssen, da es haltbarer und langlebiger ist.

Verbessern Sie mit diesen Tipps Ihr Selbstvertrauen bei der Budgetierung Um wirklich ein minimalistisches Budget zu schaffen und Ihr Selbstvertrauen in die Budgetierung zu stärken, können Sie diese einfachen Ideen ausprobieren. Diese werden Ihnen helfen, Ihre Ausgaben zu verwalten, ohne dass Sie das Gefühl haben, etwas zu verlieren. Sie helfen Ihnen auch beim Übergang zu einem voll zugesagten minimalistischen Budget:

Finden Sie heraus, wohin Ihr Geld fließt - als erstes müssen Sie Ihre Ausgaben auflisten. Die Auflistung Ihrer Ausgaben wird Ihnen helfen, Ihre Ausgabenfallen zu erkennen. Ist es Kleidung? Ist es zu viel teurer Kaffee aus Ihrem örtlichen Café? Wenn Sie erst einmal herausgefunden haben, wo Ihre Geldfallen liegen, können Sie sie bewusst vermeiden. Wenn Sie ein Budget für diese Ausgaben haben, könne n Sie den Betrag, den Sie ausgeben, begrenzen oder kürzen.

Ordnen Sie die Beträge zunächst den wichtigeren Posten zu - listen Sie die Dinge auf, die bezahlt werden müssen und wann sie fällig sind. Legen Sie das Geld für diese Ausgaben beiseite, sobald Sie Ihre Einnahmen haben. Achten Sie darauf, dass Sie das Geld nicht für andere Dinge anfassen.

Manche Leute benutzen die Methode des Umschlags, bei der sie das Geld in verschiedene Umschläge stecken. Wenn es an der Zeit ist, diese Ausgaben zu bezahlen, nehmen sie einfach diesen speziellen Umschlag heraus, während der Rest unberührt bleibt.

Nehmen Sie die Hilfe aller in Ihrem Haushalt in Anspruch - wenn Sie der einzige sind, der den Haushalt führt, während der Rest Ihrer Familie Verschwender sind, werden Sie am Ende frustriert und nachtragend gegenüber allen um Sie herum sein. Die Erstellung eines minimalistischen Budgets erfordert den Einsatz und die Kooperation der Menschen in Ihrer Umgebung. Sie sollten ihnen den Grund für Ihr Budget verständlich machen, damit sie sich nicht benachteiligt fühlen.

Vergleichen Sie Marken und Angebote - wenn Sie große Posten kaufen, sollten Sie nicht einfach die erste Gelegenheit oder das erste Geschäft, das sich Ihnen bietet, ergreifen. Finden Sie die besten verfügbaren Angebote heraus, bevor Sie den Sprung wagen. Prüfen Sie auch den Zahlungsplan, damit Sie nicht von dem Betrag überrascht werden, den Sie für die Zahlung der Rate oder des Restbetrags ausgeben müssen.

Beim Autokauf sollten Sie beispielsweise herausfinden, wie lang die Garantien sind, was beim Kauf inbegriffen ist und welche anderen wichtigen Details Sie beachten sollten. Berücksichtigen Sie die monatlichen Zahlungen gegenüber Ihrem Budget und schauen Sie, ob Sie Kürzungen vornehmen müssen, damit es funktioniert. Kaufen Sie nicht nur, weil die Anzahlungen niedrig sind. Sie könnten am Ende mehr in monatlichen Raten zahlen.

Weisen Sie einen Betrag für Ersparnisse zu - ein Sparguthaben zu haben, das Sie nie anfassen, kann Ihnen ein Gefühl der Sicherheit vermitteln. Es ist wichtig, für Ersparnisse zu budgetieren, damit Sie an schlechten Tagen oder in schwierigen Situationen, die Bargeld erfordern, abgesichert sind. Die allgemeine Regel lautet,

20 % Ihres Einkommens für Ersparnisse aufzuwenden, aber Sie können noch mehr hinzufügen, wenn Sie dazu in der Lage sind.

Wissen, was verfügbar ist - manche Leute gehen einkaufen, um etwas zu kaufen, nur um festzustellen, dass sie es bereits zu Hause haben. Am Ende haben sie ein Vielfaches der gleichen Produkte. Wenn Sie wissen, was Sie haben und was nicht, werden Sie wahrscheinlich nicht einkaufen gehen, nur weil Sie es nicht finden können.

Budget für Nebensächlichkeiten - Notfälle oder Nebensächlichkeiten können eine Autopanne und Krankheit oder Behinderung beinhalten. Diese Fälle liegen oft nicht in Ihrer Hand, haben aber große Auswirkungen auf Ihr Leben. Nehmen Sie diese Posten in Ihr Budget auf, damit Ihr Einkommen oder Ihre Ersparnisse keinen großen Schaden nehmen, falls Sie auf solche Fälle stoßen sollten.

Die Budgetierung wird einfacher, je mehr man sie praktiziert. Gewöhnen Sie sich an, zu budgetieren, anstatt ohne Plan einzukaufen. Budgets mögen sich für manche eingeschränkt anfühlen, aber wenn Sie sich daran gewöhnt haben, werden Sie sehen, dass es immer wirtschaftlicher ist, als geistlos einzukaufen. Wenn Sie genug Übung haben, können Sie sich in Ihre Budgetierungsfähigkeiten hineinversetzen und schließlich Ihre unbekümmerten Ausgabetendenzen eindämmen.

Kapitel 5 - Verbessern Sie Ihr Ausgabeverhalten

Jetzt, da Sie wissen, wie man ein Budget erstellt, ist es an der Zeit, sich auf Ihre Ausgabengewohnheiten zu konzentrieren. Ihre Ausgabengewohnheiten sind die Dinge, die bestimmen, wie Sie Ihr Geld verwenden. Schlechte Ausgabegewohnheiten sind durch Impulskäufe, Bedauern der Käufe und erhöhte Schulden gekennzeichnet. Gute Ausgabegewohnheiten hingegen helfen Ihnen, sich aus der Verschuldung zu befreien, geben Ihnen finanzielle Freiheit und geben Ihnen ein sicheres Gefühl für Ihre Zukunft.

Um Ihre Ausgabegewohnheiten zu verbessern, müssen Sie wissen, was sie auslöst. Manche Menschen geben mehr aus, wenn sie sich traurig oder deprimiert fühlen. Andere haben Lust, mehr auszugeben, wenn sie glücklich sind. Auch hier fällt mir wieder dieser Stimmungsfaktor auf. Dies ist nicht der richtige Weg.

Wenn Sie deprimiert oder traurig sind oder sich emotional fühlen, können Sie leicht mehr ausgeben. Ihr Verstand wird herausfinden, dass Sie einen sehr schlechten Tag hatten und dass Sie etwas Neues brauchen, um glücklich zu bleiben. Das ist nur vorübergehendes Glück. Sie werden sich beim Kauf hocherfreut fühlen, aber Sie werden bald die Reue des Käufers spüren, besonders wenn Sie erkennen, dass Sie sich die Kosten für diesen Artikel nicht leisten können. Sie werden sich auch fühlen, als würden Sie in Schulden ertrinken, was den Zyklus der Depression weiter fortsetzen wird.

Wenn Sie sich traurig fühlen, sollten Sie es vermeiden, in Einkaufszentren oder an Orte zu gehen, an denen Sie am ehesten Geld ausgeben werden. Suchen Sie nach Aktivitäten, die Sie von

Ihrer Traurigkeit ablenken. Dinge wie das Spielen mit Haustieren im Park, das Lesen eines guten Buches oder das Schreiben in Ihr Tagebuch werden Sie beschäftigen und Sie von Ihrer Traurigkeit ablenken. Diese Aktivitäten sind auch nicht so teuer. Sie können ebenfalls versuchen, etwas Produktives zu tun. Lenken Sie Ihre Traurigkeit auf Kunst und Musik und schaffen Sie Lieder oder Kunstwerke. Sie können Ihre Traurigkeit loslassen und gleichzeitig etwas Schönes schaffen.

Ein weiterer Auslöser für Ausgaben ist Glück. Wenn Sie den Bonus bei der Arbeit für eine gut gemachte Arbeit erhalten, können Sie sich wie ein einmaliger Millionär fühlen. Das gibt Ihnen normalerweise das Gefühl, sich zu verwöhnen und viel Geld auszugeben, um Ihren Erfolg zu feiern. Es ist zwar nichts Falsches daran, Erfolge zu feiern, aber es ist auch wichtig zu wissen, dass zu viele Ausgaben Ihr Geld oder Ihren Bonus aufbrauchen, so dass Sie wieder von Gehaltsscheck zu Gehaltsscheck leben müssen. Vermeiden Sie diesen Fehler und verbrauchen Sie nicht Ihr ganzes Geld auf einmal. Weisen Sie sie den richtigen Kanälen zu, d.h. Einsparungen, Ausgaben und anderen wichtigen Dingen, bevor Sie es zum Feiern aufbrauchen.

Wenn Sie auf einen Geldsegen oder Geldzufluss stoßen, ist es das Beste, die Ausgaben zu drosseln, wenn Sie sich zurückziehen und einfach durchatmen. Das natürliche Hochgefühl, das Sie durch den Erhalt des Geldes empfinden, wird irgendwann nachlassen, und Sie werden Ihre Ausgabegewohnheiten besser unter Kontrolle haben. Sie werden eine vernünftigere Perspektive gewinnen, wenn der anfängliche Nervenkitzel vorbei ist, und die Wahrscheinlichkeit, dass Sie das Geld ausgeben, wird geringer sein.

Die beste Zeit zum Einkaufen ist dann, wenn Sie nicht zu viele turbulente und extreme Emotionen empfinden, die Ihr Ausgabeverhalten beeinflussen können. Kaufen Sie nur dann ein, wenn Sie sich besonnen fühlen. Die meisten Menschen schlagen auch vor, nach dem Essen einzukaufen, denn wenn Sie hungrig sind, geben Sie eher Geld für Dinge aus, die das Hungergefühl überdecken.

Eine weitere Möglichkeit, Ihr Ausgabeverhalten zu verbessern, besteht darin, sich Ihrer selbst bewusst zu werden. Sie sollten die Ursache kennen, warum Sie mehr als nötig ausgeben. Wenn Sie die Gründe dafür kennen, sind Sie besser in der Lage, diese Ursachen zu vermeiden, so dass Sie nie das Bedürfnis verspüren werden, mehr auszugeben.

Kapitel 6 - Sparstrategie zum Schuldenabbau

Verschuldung ist etwas, das jeder irgendwann im Leben erlebt. Wenn Sie wegen Ihrer Ausgaben sehr viel Schulden haben und das Gefühl haben, dass Sie niemals schuldenfrei sein werden, dann verzweifeln Sie nicht. Es gibt immer noch einen Weg, um sie zu überwinden. Um aus der Verschuldung herauszukommen, müssen Sie die richtige Einstellung zum Ausgeben und Sparen haben.

Wenn eine Person eine gesunde Einstellung zu Ihren Ausgaben hat, ist sie in der Lage, diese Ausgaben besser zu kontrollieren und der Versuchung des Kaufs zu widerstehen. Menschen ohne die richtige Einstellung zu den Ausgaben, wie diejenigen, die Ausgaben als etwas betrachten, auf das sie ein Recht haben, werden es schwer finden, sich vom Kauf abzuhalten, selbst wenn sie kein Geld mehr haben.

Sparen ist eine der besten Möglichkeiten, sich aus der Verschuldung zu befreien. Aber wie nutzen die Menschen Ersparnisse dazu? Soll man nicht alles mit dem Geld, das man hat, zurückzahlen, anstatt es als Ersparnis zu verwahren? So wird es gemacht.

Sparen, frei definiert, ist ein Geldbetrag, den man für die Regentage beiseite legt. Wenn Ihre Ersparnisse größer sind als Ihre Schulden, fühlen Sie sich sicherer für Ihre Zukunft. Um mit dem Ersparten aus den Schulden herauszukommen, müssen Sie regelmäßig den gleichen oder einen größeren Geldbetrag sorgfältig beiseite legen.

Zum Beispiel, wenn Sie 1.000 Dollar im Monat verdienen und Sie eine Schuld von 60.000 Dollar haben. Von Ihrem monatlichen Einkommen weisen Sie den monatlichen Betrag für Ihre regelmäßigen Ratenzahlungen zur Tilgung dieser Schuld zu. Gleichzeitig legen Sie einen Geldbetrag zur Seite, den Sie als Ersparnis behalten. Sobald Sie genug Geld als Ersparnis angesammelt haben, sagen wir 10.000 Dollar, können Sie diese Ersparnisse gut gebrauchen, indem Sie einen großen Teil Ihrer Schulden zurückzahlen. Wenn Sie so viel abbezahlen, werden die Zinssätze sinken, weil der Kapitalbetrag weiter gesenkt wurde.

Auch wenn das Anhäufen von Ersparnissen nicht immer der einfachste Weg ist, um aus der Verschuldung herauszukommen, besonders wenn Sie viele Ausgaben haben, ist es dennoch einer der effektivsten Wege. Sie sollten versuchen, jede beliebige Geldsumme zu sparen, um sie später für die Zahlung von Pauschalbeträgen für Ihre Schulden zu verwenden. Wenden Sie diese Pauschale auf die Hauptbeträge an, und schon bald werden Ihre Schulden deutlich sinken und Sie werden schneller schuldenfrei sein, als Sie erwarten.

Kapitel 7 - Leitfaden zum Geldmanagement

Die Verwaltung Ihres Geldes ist der Prozess der Verfolgung, Budgetierung, Einsparung und Investition Ihres Geldes. Es ist der Prozess, der beschreibt, was Sie mit dem Geld, das Sie verdienen, tun, damit es wächst und größere Erträge erzielt. Für manche Menschen ist die Verwaltung von Geld sehr einfach. Diese Menschen haben in der Regel ein sehr gutes Wissen über die Finanzwelt. Für andere könnte Geldmanagement genauso gut eine Fremdsprache sein, die mit dem Rosetta-Stein entschlüsselt werden muss.

Um Geld effektiv zu verwalten, muss man unter anderem sparsam leben. Sparsam zu leben bedeutet, dass man nicht über seine Verhältnisse lebt. Man gibt nur für das Nötigste aus und gönnt sich nicht allzu oft Luxus. Man verschwendet kein Geld für nicht notwendige Bedürfnisse. Um dies zu tun, müssen Sie unterscheiden, welche Dinge Wünsche und welche Bedürfnisse sind. Geben Sie Geld nur für die Dinge aus, die Sie brauchen, und vergessen Sie die Extras.

Eine weitere Möglichkeit, Ihr Geld zu verwalten, ist die Planung Ihrer Ausgaben. Erstellen Sie ein Diagramm oder einen Zeitplan, aus dem Sie sofort ersehen können, welche Ausgaben Sie bezahlen müssen und wann sie fällig sind. So wird sichergestellt, dass Sie nie eine Zahlung verpassen und dabei keine Verzugsstrafen zahlen müssen. Mit einem Ausgabenplaner können Sie auch sehen, wohin Ihr Geld wirklich fließt und welche Ausgaben wirklich einen großen Teil Ihres Geldes verschlingen.

Ein erfahrener Geldmanager kauft keinen 5-Dollar-Kaffee, wenn er zu Hause seinen eigenen Kaffee für weniger als einen Dollar pro kleiner Tasse brühen kann. Dies ist eine andere Art, mit Ihrem

Geld umzugehen. Seien Sie klug genug, um zu wissen, wann Sie sparen können. Geldmanager wissen, auf welche Teile ihrer Ausgaben sie verzichten können, und können diese effektiv kürzen. Dies führt zu größeren Einsparungen.

Verwalten Sie Ihr Geld mit soliden Investitionen. Dies mag leichter gesagt als getan erscheinen, aber es ist eine der besten und effektivsten Möglichkeiten, um zu wachsen und Ihr Geld zu verwalten. Wenn Sie Ihr Geld investieren, lassen Sie es nicht einfach auf der Bank liegen und nichts tun. Sie verwenden Ihr Geld tatsächlich zur Finanzierung von Projekten, die für Sie Dividenden und Erträge abwerfen. Ein erfolgreiches Projekt bringt Ihnen zusätzliche Einnahmen in Form von Zinsen auf Ihr Geld.

Kapitel 8 - Sich jeden Tag finanziell sicher fühlen

Sich jeden Tag finanziell sicher zu fühlen, bedeutet, dass Sie sich keine Sorgen um Ihre zukünftigen Finanzen machen müssen. Nicht viele Menschen können sagen, dass sie finanziell sicher sind, weil sie das Gefühl haben, nicht genug getan zu haben, um eine komfortable Zukunft zu sichern. Aber nur weil Sie sich jetzt nicht finanziell sicher fühlen, bedeutet das nicht, dass Sie es nie sein werden. Hier sind einige Möglichkeiten, Ihre Sorgen um die finanzielle Sicherheit heute und in Zukunft zu verringern:

Bauen Sie ein solides Sparkonto auf - das Wissen, dass Sie etwas für den Notfall verstaut haben, gibt Ihnen ein Gefühl der finanziellen Sicherheit wie kein anderes. Mit einem großen Sparkonto haben Sie nicht das Gefühl, dass Sie mittellos leben müssen, wenn Sie alt und arbeitsunfähig werden.

Kaufen Sie eine Versicherung - eine Versicherungspolice ist ein weiteres Sicherheitsnetz, das Sie im Falle von großen Geldverlusten schützt. Einige Versicherungen, die Sie kaufen können, umfassen eine Lebensversicherung, eine Invaliditätsversicherung und eine Rentenversicherung.

Investieren Sie klug - Menschen, die finanziell abgesichert sind, sind nicht nur glücklich über ein riesiges Sparkonto. Sie fühlen sich sicherer, wenn sie wissen, dass sie ihr Geld an Orten angelegt haben, die größere Erträge abwerfen. Sie investieren in Dinge, die nachweislich Geld einbringen.

Räumen Sie auf und leben Sie minimal - Menschen mit so vielen Dingen sorgen sich um den Erhalt und die Pflege ihres materiellen Besitzes. Diese verhindern, dass sie das Gefühl haben, ihre

Ausgaben unter Kontrolle zu haben. Um sicherzustellen, dass Sie nicht zu viel ausgeben, sollten Sie nicht notwendige Dinge loslassen und nur mit den notwendigen Dingen leben. Wenn Sie weniger materielle Dinge haben, über die Sie sich Sorgen machen müssen, werden Sie sich sicherer fühlen, was Ihre Zukunft betrifft.

Sparen Sie, egal wie wenig Sie können - etwas auf Ihr Sparkonto zu legen, egal wie klein dieser Betrag ist, wird immer noch zu Ihrer finanziellen Sicherheit beitragen. Machen Sie es sich zur Gewohnheit, etwas in Ihr Erspartes einzuzahlen.

Zusammenfassung

Nochmals vielen Dank für das Herunterladen dieses Buches!

Ich hoffe, dass dieses Buch Ihnen helfen konnte, die Gründe für Ihre Ausgaben zu verstehen, Ihnen Anregungen zu geben, wie Sie Ihre Impulskäufer-Tendenzen eindämmen und Geld sparen können. Denken Sie daran, dass es Schritte gibt, die Sie heute tun können, um sicherzustellen, dass Sie sich keine Sorgen darüber machen müssen, ob Sie in Ihren letzten Jahren genug Geld haben werden oder nicht. Es bedarf nur einer gewissen Disziplin, um mehr zu sparen, und einer ganzen Menge Zurückhaltung bei den Ausgaben.

Vorschau: Achtsamkeit

Top 10 Tipps zur Überwindung von Obsessionen und Zwängen mithilfe von Achtsamkeit

1 Was ist eine Zwangsstörung?

Eine Zwangsstörung, allgemein bekannt als OCD, ist eine psychische Störung, bei der jemand einen ständigen Drang verspürt, etwas zu reinigen, bestimmte Routine oder Rituale zu wiederholen oder unter sich wiederholende Gedankenmuster leidet. Die Person kann sich wiederholt die Hände waschen, ständig die Ofenknöpfe überprüfen, um sicherzustellen, dass sie aus sind, ständig die Türen überprüfen, um sicherzustellen, dass sie verschlossen sind, oder ständig Dinge zählen. Für viele Menschen, die an einer Zwangsstörung leiden, hat sie ihr tägliches Leben beeinträchtigt, weil die Beschäftigung mit den Zwängen täglich eine Stunde oder mehr ihrer Zeit in Anspruch nimmt und die mit der Störung verbundenen, sich wiederholenden Gedanken, sie daran hindern, sinnvolle Beziehungen zu erleben und sich voll und ganz auf die Aktivitäten des täglichen Lebens einzulassen. In extremen Fällen können die Symptome so schädlich sein, dass die Person dazu verleitet wird, über Selbstmord nachzudenken oder sogar einen Selbstmordversuch unternimmt.

Die Ursache der Störung ist zwar unbekannt, aber für viele Menschen ist sie mit Angst und Stress verbunden. Eine große Anzahl von Menschen, die an ihr leidet, haben ein großes traumatisches Ereignis erlebt, insbesondere Kindesmissbrauch, sowie Ereignisse wie den Tod eines geliebten Menschen oder einen schweren Autounfall. Andere Ursachen können Infektionen und genetische Ursachen sein. Die Hälfte aller Fälle von Zwangsstörungen tritt vor dem 20. Lebensjahr auf, oftmals zeigen

sich Symptome jedoch nach dem 35. Lebensjahr. Es wird angenommen, dass weltweit jedes Jahr etwa 1% der Bevölkerung an
einer Zwangsstörung erkrankt, und etwa 2-3% der Bevölkerung
irgendwann in ihrem Leben davon betroffen sind.

Die Behandlung der Zwangsstörung umfasst Medikamente wie
selektive Serotonin-Wiederaufnahmehemmer sowie die kognitive
Verhaltenstherapie (CBT), die den Menschen hilft, mit den
aufdringlichen, sich wiederholenden Gedanken umzugehen. Eine
besonders erfolgreiche Methode zur Behandlung der OCD ist das
Erlernen der Achtsamkeit. Achtsamkeit ist die Praxis, sich voll und
ganz bewusst zu sein, was um einen herum und in einem selbst vor
sich geht, so dass man seine eigenen negativen Gedanken von dem
unterscheiden kann, was tatsächlich passiert, seine eigenen Ge-
fühle von den Tatsachen trennen kann und nicht das Bedürfnis
verspürt, jeden Gedanken, den man hat, so zu behandeln, als ob
man tatsächlich einer Bedrohung ausgesetzt wäre.

2 Tiefes Atmen

Eine der vorteilhaftesten, aber am meisten übersehenen
Methoden, Achtsamkeit zu praktizieren, ist die Durchführung von
Tiefenatmungsübungen. Sie müssen nicht in einer Lotus-Position
sitzen und "Ohm" summen, aber wenn Sie sich dazu verleitet fühlen, dann tun Sie es. Alles, was Sie tun müssen, ist, sich aufrecht
hinzusetzen (achten Sie darauf, dass Ihr Rücken so gerade wie
möglich ist), einzuatmen und auszuatmen. Nehmen Sie sich 10
Sekunden Zeit zum Einatmen und 20 Sekunden zum Ausatmen.
Üben Sie diese einfache Übung täglich zwei Minuten lang aus.

Die Vorteile einer tiefen Einatmung sind so immens, dass man sich
fragen muss, warum diese einfache Übung so oft übersehen wird.

Ein Grund dafür ist, dass sie auf natürliche Weise das parasympathische Nervensystem stimuliert, was eine Entspannungsreaktion fördert. Sie bewirkt tatsächlich eine physiologische Entspannung Ihres Körpers! Viele Krankheiten, einschließlich der Zwangsstörung, stehen entweder direkt oder indirekt mit Stress in Zusammenhang, und die meisten von uns führen ein arbeitsreiches und stressiges Leben. Tiefes Atmen ist ein Weg, um Sie dazu zu bringen, bewusst langsamer zu werden und wahrzunehmen, was in Ihnen vorgeht. Wenn Sie sich dessen bewusst sind, was Sie denken und fühlen, können Sie Ihre eigenen Gedanken, die vielleicht Verzerrungen der Realität sind, und das, was tatsächlich um Sie herum vor sich geht, besser erfassen.

Ein Grund dafür, dass sich Ihr Körper immer dann angespannt fühlt, wenn Sie sich ängstlich fühlen, ist, dass Sie nicht tief einatmen. Wenn Sie flach atmen, erhält Ihr Körper nicht den Sauerstoff, den er braucht, und ist daher nicht in der Lage, Ihre Zellen richtig zu versorgen. Wenn Sie tief einatmen, gelangt der gesamte Sauerstoff, den Ihr Körper benötigt, an jeden Teil des Körpers, so dass sich Ihre angespannten Muskeln entspannen können. Diese Reaktion ist entscheidend, um Ihnen zu helfen, die Symptome der Zwangsstörung unter Kontrolle zu bringen. Sie können sich nicht einfach den Weg aus der Zwangsstörung herausdenken; wenn Sie das könnten, hätten Sie wahrscheinlich schon viel Erleichterung von Ihren Symptomen gefunden. Ihr Körper muss mit Ihren Gedanken im Einklang sein; wenn Ihr Körper nicht synchron ist, weil er nicht über die richtige Menge an Sauerstoff verfügt, werden Sie die Impulse der Zwangsstörung nicht kontrollieren können. Eine ausreichende Sauerstoffversorgung wird es Ihrem entspannten Geist jedoch ermöglichen, einige der Impulse abzuwehren.
Tiefes Einatmen kann sogar Ihren Körper entgiften. Einer der primären Giftstoffe in Ihrem Körper ist Kohlendioxid; wenn Ihre Lungen durch die flache Atmung beeinträchtigt sind, können Sie

diesen nicht richtig ausstoßen und sammelt sich somit an. Wenn Sie Giftstoffe wie Kohlendioxid loswerden, können Ihr Geist und Ihr Körper besser funktionieren.

Ein weiterer Vorteil der tiefen Atmung besteht darin, dass sie sogar Schmerzen lindern und Ihr Glücksgefühl steigern kann. Denn sie stimuliert die Freisetzung von Hormonen wie Serotonin, dem "Glückshormon". Serotonin lindert auf natürliche Weise Stress und Angstzustände, so dass die Stimulation seiner Freisetzung ein idealer Weg ist, um Ihnen zu helfen, Ihre OCD zu kontrollieren.

Nehmen Sie sich jetzt zwei Minuten Zeit und atmen Sie 10 Sekunden lang tief ein. Dann atmen Sie 20 Sekunden lang aus. Wiederholen Sie dies einige Male. Sie werden feststellen, dass Sie sich schon nach wenigen Minuten ruhig und entspannt fühlen.

3 Umgebung zur Kenntnis nehmen

Viele von uns haben ein hektisches Leben, in dem wir uns nicht die Zeit nehmen, anzuhalten und die Schönheit um uns herum zu genießen, da wir nicht einmal bemerken, dass es diese Schönheit überhaupt gibt! Wenn wir das tun, denken wir nicht darüber nach, ob die Blumen, die wir sehen, rot, gelb, rosa oder gar wie schön sie sind. Wir sind uns einfach nicht bewusst, was um uns herum passiert. Eine Möglichkeit, Achtsamkeit zu üben, ist, innezuhalten und die eigene Umgebung wahrzunehmen.

Schauen Sie sich eine Minute lang um. Wie viele Farben sehen Sie? Sehen Sie die Farbe Braun? An wie vielen Stellen sehen Sie Braun? Was ist mit Rot? Pink? Blau? Was ist Ihre Lieblingsfarbe? Wie oft sehen Sie sie? Beachten Sie, wie Sie gerade Ihr Gehirn verlangsamt und ihre rasenden Gedanken unter Kontrolle gebracht haben?

Fühlen Sie sich nicht schon, zumindest ein wenig, weniger ängstlich?

Atmen Sie tief durch Ihre Nase ein. Was riechen Sie? Kaffee? Das Parfüm Ihres Mitarbeiters? Etwas, das kocht? Riecht es angenehm? Macht Sie der Geruch glücklich oder weckt er Erinnerungen? Halten Sie inne und denken Sie über die Gerüche um Sie herum nach. Erleben Sie sie. Atmen Sie tief ein und aus. Fühlen Sie sich ruhiger? Mit Sicherheit.

Wie viel Zeit verbringen Sie mit dem Essen? Wenn Sie, wie die meisten Menschen in der heutigen modernen Welt sind, verbringen Sie wahrscheinlich nicht viel Zeit mit dem Essen. Schließlich müssen Sie wieder an die Arbeit gehen. Es gibt so viele Dinge, die Sie in kurzer Zeit erledigen müssen! Hören Sie auf. Diese Art des Denkens provoziert Ängste und löst OCD-Symptome aus. Versuchen Sie, mehr Zeit mit dem Essen zu verbringen. Nehmen Sie sich Zeit, um bewusst wahrzunehmen, was Sie essen. Wie riecht Ihr Essen? Wie sieht es aus? Nehmen Sie jeden Bissen langsam zu sich. Wie schmeckt er? Wie ist seine Textur? Wie interagieren die verschiedenen Texturen, die Sie essen, miteinander? Mögen Sie die Texturen? Nehmen Sie nach jedem dritten Bissen einen Schluck von etwas. Genießen Sie Ihr Essen und erleben Sie es in vollen Zügen.

Was ist das, was Sie da hören? Ist es eine Fliege oder eine Mücke, die Ihnen um den Kopf schwirrt? Ist es die Lampe über Ihnen, die ein knisterndes Geräusch macht? Ist es ein Gespräch, das in der nächsten Kabine stattfindet? Ist es das Geräusch von Regen? Hören Sie Musik? Nehmen Sie sich eine Minute Zeit und hören Sie genau hin. Nein, hören Sie wirklich genau zu. Achten Sie darauf. Achten Sie auf die Geräusche um Sie herum und darauf, woher sie kommen.

Sitzen Sie gerade an einem Schreibtisch? Vielleicht sitzen Sie gerade draußen auf einem Stuhl oder entspannen sich auf dem Sofa. Nehmen Sie sich eine Minute Zeit und fühlen Sie es. Führen Sie Ihre Hände am Schreibtisch entlang. Wie fühlt sich das an?

Sie sollten sich in Ihrer Umgebung inzwischen bewusster fühlen. Wenn Sie sich Ihrer Umgebung bewusst sind, hilft Ihnen das, Ihre eigenen aufdringlichen Gedanken von dem zu trennen, was passiert.

4 Sich Zeit nehmen

Viele Menschen sind davon überzeugt, dass sie jede Minute eines jeden Tages mit irgendeiner Art von Aktivität füllen müssen. Das hat zur Folge, dass ihr Gehirn nie zur Ruhe kommt und sie nie in einen Zustand der Entspannung eintreten können. Sie haben sogar Schlafstörungen, weil ihre Gehirnhälften immer in irgendetwas eingebunden sind. Ständig unterwegs zu sein, kann Ihr Gehirn tatsächlich dazu bringen, zu glauben, dass es eine Bedrohung gibt, und Ihr Gehirn hat eine eingebaute Abwehr gegen Bedrohungen: die Kampf- oder Fluchtreaktion. Adrenalin und Cortisol werden in Ihrem Körper freigesetzt, was noch mehr Stress verursacht und Ihnen das Gefühl gibt, dass Sie härter arbeiten und mehr tun müssen. Wenn Sie zu beschäftigt sind, kann Ihr Gehirn tatsächlich so reagieren, als ob Sie sich bedroht fühlen. Es ist daher in der Tat von großem Bedeutung, ihren Alltag zu verlangsamen.

Verlangsamen bedeutet, dass Sie nicht das Bedürfnis haben, jede einzelne Minute jedes einzelnen Tages mit Aktivitäten zu füllen. Sie können sich einfach gehen lassen. Setzen Sie sich draußen auf den Rasen oder genießen Sie das Gefühl, auf den Beinen zu stehen. Genießen Sie die Art und Weise, wie die Sonne auf Ihre Haut scheint; erleben Sie die Wärme der Sonne in vollem Umfang. Gehen Sie mit Ihrem Hund nach draussen zum Spielen. Schieben Sie ein Kind auf der Schaukel an. Tun Sie etwas, das Ihnen Spaß macht, statt etwas zu tun, das sich produktiv und beschäftigt anfühlt. Zu oft haben wir das Gefühl, dass wir beschäftigt sein müssen, damit das Leben einen Sinn hat. Das stimmt aber einfach nicht. Bedeutung finden wir in den Momenten, in denen wir langsamer werden und unsere Umgebung und die Menschen, mit denen wir zusammen sind, genießen.

Wie oft am Tag überprüfen Sie Ihr Telefon? Wie oft pro Stunde? Wie lange können Sie Ihre E-Mails oder Textnachrichten nicht überprüfen? Dies ist etwas, das man sich bewusst machen sollte. Das ständige Überprüfen Ihres Telefons lenkt Sie von Ihrer Achtsamkeit ab, weil es Ihr Gehirn so verdrahtet, dass Sie glauben, wenn Sie nicht produktiv sind, verschwenden Sie Zeit. Legen Sie Ihr Telefon weg und machen Sie einen Spaziergang. Die Welt kann warten. Sie müssen sich um sich selbst und Ihre eigenen Bedürfnisse kümmern.

Was hält Sie davon ab, langsamer zu werden? Was lässt Sie glauben, dass Sie ständig unterwegs sein müssen? Haben Sie jemals das Gefühl, dass Ihr Geist rast? Schürt das beschäftigt sein ängstliche Gedanken?

Nehmen Sie sich jetzt eine Stunde Zeit, um sich einfach zu entspannen und sich fallen zu lassen. Entfernen Sie alle Elektronik, inklusive dem Fernseher, und verbinden Sie sich mit sich selbst und Ihrer Umgebung. Wie fühlen Sie sich? Wird Ihr Geist langsamer? Was geschieht mit Ihren ängstlichen Gedanken?

Versuchen Sie, sich täglich eine Stunde Zeit zu nehmen, um langsamer zu werden und sich einfach zu entspannen. Lassen Sie sich nicht von allem, was Sie zu tun glauben, ablenken und überfordern. Halten Sie inne und nehmen sie die Schönheit wahr.

5 Meditation

Sie haben sich bereits mit den Vorteilen der tiefen Atmung, der Wahrnehmung der Umgebung und der Verlangsamung befasst. All diese Dinge miteinander zu verbinden, ist die Kunst der Meditation. Meditation ist, wenn Sie Ihrem Geist erlauben, sich langsamer auf etwas zu konzentrieren. Wenn Sie schon einmal nachts durch einen ängstlichen Gedanken wachgehalten wurden, der sich in Ihrem Kopf ständig umdreht und von dem Sie sich nicht distanzieren konnten, dann meditieren Sie tatsächlich über diesen ängstlichen Gedanken. Diese Art der Meditation ist jedoch negativ. Positive Meditation ist, wenn Sie sich absichtlich auf gute oder positive Dinge konzentrieren und sich nicht mit den negativen Gedanken beschäftigen, die versuchen, in Sie einzudringen.

Viele Religionen haben ihre eigenen meditativen Praktiken, die darauf ausgerichtet sind, die Spiritualität des Einzelnen oder die Verbindung mit seinem eigenen Geist zu fördern. Die Kabbala, die jüdische mystische Tradition, hat meditative Praktiken, die darauf ausgerichtet sind, den Einzelnen aus seinen eigenen täglichen Kämpfen in die Erkenntnis des Ewigen zu erheben. Das Christentum hat einige kabbalistische Praktiken übernommen, die von Christen zur Meditation über das Göttliche verwendet werden. Auch der Islam, insbesondere der Sufi-Zweig, hat meditative Praktiken. Einige Religionen wie Hinduismus, Sikhismus und Jainismus finden, dass Meditation dem spirituellen Wohlbefinden eines Menschen so sehr innewohnt, dass sie ein vorgeschriebener Bestandteil des täglichen Lebens ist. Wenn Sie sich mit irgendeiner Religion verbinden, ist ein guter Ausgangspunkt, zu erfahren, was Ihre Religion über Meditation sagt und wie Sie sie praktizieren sollten.

Wenn Sie nicht religiös sind und sich nicht dafür interessieren, was diese verschiedenen Religionen über Meditation sagen, können Sie trotzdem lernen, zu meditieren. Setzen Sie sich aufrecht hin und schließen Sie Ihre Augen. Halten Sie Ihre Körperhaltung so perfekt wie möglich, damit Sie voll und tief einatmen können. Atmen Sie 10 Sekunden lang ein und 20 Sekunden lang aus. Setzen Sie das Ein- und Ausatmen auf diese Weise fort, während Sie einen der folgenden Schritte durchführen:

1. Sagen Sie sich selbst positive Dinge. Sie sind ein guter Mensch. Sie sind sich Ihrer Umgebung bewuss, und Sie sind sich bewusst, was in Ihnen vorgeht. Sie können Ihre Zwangsstörung überwinden, so dass sie Ihr Leben nicht mehr dominiert.

2. Konzentrieren Sie sich auf etwas Positives. Das kann ein Bild des Ozeans sein, eine Lieblingserinnerung aus der Kindheit oder etwas völlig Belangloses, wie eine Tür oder ein Fensterrahmen.

Bleiben Sie in diesem Zustand, solange Sie können. Wenn Sie anfangs nur ein paar Minuten meditieren können, ist das in Ordnung. Üben Sie die Meditation jeden Tag weiter aus und versuchen Sie, jedes Mal etwas länger darin zu verharren.

Am Anfang werden Sie vielleicht feststellen, dass Sie durch Dinge, die getan werden müssen, abgelenkt sind. Wenn Sie versuchen, gleich morgens zu meditieren, sind Sie vielleicht so abgelenkt von dem Bedürfnis, rechtzeitig zur Arbeit zu kommen, dass Sie nicht in der Lage sind, erfolgreich zu meditieren. Wenn das der Fall ist, versuchen Sie, eine Zeit zu finden, die für Sie funktioniert und in der Sie nicht so abgelenkt sind.

Der Sinn der Meditation besteht darin, Ihren Geist von negativen Gedanken zu befreien, damit er mit Positivität gefüllt werden kann. Meditation ist ein mächtiges Werkzeug, das Ihr Gehirn neu verdrahten kann, positiver zu denken.

www.ingramcontent.com/pod-product-compliance
Lightning Source LLC
Chambersburg PA
CBHW030542220526
45463CB00007B/2943